El pequeño dragón Coco

Ingo Siegner

El pequeño dragón Coco y el Caballero Negro

Traducción de Katinka Rosés Becker

laGalera

El pequeño dragón Coco y el Caballero Negro de Ingo Siegner
Primera edición: febrero de 2010
Décima edición (primera en este formato): marzo de 2026

Título original alemán: *Der Kleine Drache Kokosnuss und der schwarze Ritter*

Abacus Futur, S.L.
Peu de la Creu, 4 – 08001 Barcelona
www.lagaleraeditorial.com

Directora editorial: Pema Maymó
Editora: Anna López, Isa González
Adaptación de la cubierta: Laia Serch
Maquetación y corrección: Booqlab SL
Producción: Neus Duran

Impresión: GraphyCems
ISBN: 978-84-246-7673-5
THEMA: YFH, YFC, YFS
Depósito legal: B 23867-2025

Índice

Vuelo al reino de los Caballeros

—Tío Ignacio, ¿sales de viaje? —pregunta Coco cuando ve que su tío está preparando la maleta.

—¡Ya me gustaría! —contesta el gran dragón refunfuñando—. Tengo guardia en el reino de los Caballeros.

—¿En el reino de los Caballeros? ¿Dónde está eso? —pregunta Coco con curiosidad.

—¿No has oído hablar nunca del árbol de los Dragones que hay en el reino de los Caballeros?

—No, nunca. ¡Es la primera vez!

Entonces el tío Ignacio le cuenta al pequeño dragón la historia del árbol de los Dragones:

—El reino de los Caballeros está lejos de la isla de los Dragones. En medio de este reino y sobre una colina crece un árbol muy antiguo. Al pie de la montaña hay un castillo feudal. Desde que los dragones tienen memoria, los caballeros del castillo quieren talar el árbol para construir una torre sobre la colina.

Pero los dragones hacen guardia y vigilan que no le pase nada al que llaman el árbol de los Dragones. Desde siempre, los caballeros han intentado echar a los dragones y talar el árbol.

Coco escucha sorprendido.

—Tío Ignacio, ¿puedo ir contigo a ese lugar de caballeros?

—¿Venir conmigo? ¡Pero si aún no sabes volar bien! Además, los caballeros son gente antipática, y el lugar es demasiado peligroso para un dragón pequeño.

—Por favor, tío Ignacio, puedo volar contigo sentado en tu lomo. Tengo vacaciones. ¡Me portaré bien, te lo prometo!

—De acuerdo. Si quieres, pero... a tus padres les tiene que parecer bien. ¡Y rápido, que tengo que salir ya!

Coco se va corriendo, y justo cuando el tío Ignacio se está atando la maleta a la espalda, llega y exclama:

—¡Me dejan ir! Y Matilde también quiere acompañarnos. Sus padres le han dado permiso.

El tío Ignacio se da cuenta de que detrás de Coco está el pequeño puercoespín.

—Bien, de acuerdo —dice refunfuñando el tío Ignacio—. ¡Pero sujetaos bien!

Coco y Matilde suben en una de las dos maletas. El dragón despliega sus alas y se eleva hacia el cielo. Vuela sobre el océano, sobre campos y bosques, lagos y ríos, montañas y valles, durante todo un día y toda una noche. Coco y Matilde se acomodan dentro de la maleta y, cuando el tío Ignacio cruza las montañas para dirigirse al reino de los Caballeros, los dos duermen profundamente.

El árbol de los Dragones

Cuando Coco despierta, los rayos de sol calientan el interior de la maleta. De repente se oye pluf, y una gran manzana roja cae sobre la hierba.

—¿Lo ves? —dice sonriendo el tío Ignacio—. Es una manzana-saludo. Al árbol le deben de gustar los dragones pequeños.

Entonces Matilde saca la cabeza de la maleta:

—¿También le caen bien los puercoespines?

Pluf. Otra manzana.

—También los puercoespines —dice contento el tío Ignacio.

Coco y Matilde miran sorprendidos: el tronco del gran árbol es mayor que un dragón. El espeso follaje tiene un color verde intenso, y sus manzanas son rojas y brillantes. A los pies del árbol hay un gran castillo con torres, rodeado de un foso de agua. Más abajo del castillo hay un río y un pueblo.

Acto seguido, la mirada de Coco se detiene en un punto del cielo. Emocionado, salta de la maleta:

—¡Tío Ignacio, un dragón volador!

Tío Ignacio bosteza y refunfuña:

—Es Uri, que ya ha acabado la guardia y se va a casa. Y ahora, sé un buen dragón y déjame dormir, que el viaje me ha dejado agotado.

—¿Dormir? —pregunta Coco—. No puedes dormir... ¡Tienes que hacer guardia!

El tío Ignacio abre un ojo:

—¡Pero si no vendrá nadie! Si me equivoco, me despiertas.

—Pero... —farfulla Coco—. ¡En cualquier momento puede aparecer uno de esos caballeros!

—¡Venga ya! ¡No te preocupes! Los caballeros tienen demasiado miedo a los dragones.

—¡Pero yo pensaba que los caballeros querían echarnos a nosotros, los dragones! —dice Coco.

—Mmm —refunfuña el tío Ignacio—. Una vez, mientras Uri hacía guardia, pasó uno. Pero cuando Uri abrió un ojo, salió corriendo.

—¡Yo pensaba que los caballeros eran peligrosos!

—Tanto como peligrosos... Una vez vino uno bastante valiente; apareció con la espada desenvainada y preparada para enfrentarse al dragón. Pero este le lanzó una llamarada y le asó la armadura. ¡Ja, ja, ja! Desde entonces ese caballero se llama el Caballero Negro. Pero aparte de eso, aquí no pasan demasiadas cosas. Por eso me he traído un montón de libros.

—¿Quieres decir que piensas quedarte aquí, haciendo el gandul y leyendo?

—Claro, ¿qué pensabas? ¡Y ahora déjame dormir!

El tío Ignacio bosteza, da media vuelta y cierra los ojos. Coco se deja caer sobre la hierba. «¡Qué rollo! ¡Qué vacaciones me esperan!», piensa.

—Coco —dice Matilde—. Vamos a buscar a un caballero.

Coco se levanta y exclama:

—¡Vale!

El tío Ignacio abre un ojo:

—¡Pero cuidado con las trampas para dragones! ¡Las hay por todas partes!

El Caballero Negro

Los dos amigos se pasan todo el día recorriendo el bosque, pero no consiguen ver a ningún caballero.

—Y yo que pensaba que estábamos en el reino de los Caballeros —dice Coco gruñendo—. ¡No hay ni uno!

De repente, Matilde se detiene:

—Mira, Coco, ¡un caballero!

En los márgenes del bosque se ven diversas figuras. Una de ellas va vestida con una armadura negra.

—El Caballero Negro —murmura Coco.

Emocionados, los dos se acercan. Entonces oyen que el Caballero Negro dice:

—El dragón olerá pronto la miel. Y cuando se la haya comido, se dormirá como un lirón. ¡He echado somnífero para cien osos! Pero antes de que se duerma, descubrirá la tumbona que le hemos preparado.

—¡Ja, ja, ja! —ríe uno de los hombres—. ¡Una tumbona con ruedas incorporadas!

—Exacto —dice el Caballero Negro—. Se dormirá plácidamente sobre la tumbona, y entonces lo ataremos y lo arrastraremos hasta el castillo, ¡ja, ja, ja!

—Y, como agradecimiento, obtendrás la mano de la hija del señor del castillo —dice otro—. Y serás el nuevo señor del castillo, ¡ja, ja, ja!

—¡Entonces seré el gobernador del reino de los Caballeros! —grita el Caballero Negro, y golpea con los puños su pecho de hierro.

El sonido es tan estridente que Coco y Matilde retroceden asustados.

—¡Rápido! —dice Coco—. ¡Tenemos que avisar al tío Ignacio!

Se van sigilosamente. Una vez fuera de peligro, corren tan rápido como pueden, y a toda velocidad suben hasta el árbol de los Dragones.

Pero ya arriba, en la montaña, no ven al tío Ignacio por ningún lado.

—¡Mira, hay una nota colgada! —exclama Matilde, casi sin aliento.

Coco lee lo que su tío ha dejado escrito:

«He olido a miel, vuelvo enseguida.»

—¡Ostras! —dice el pequeño puercoespín. ¡Ahora caerá en la trampa!

—¡Ven, Matilde, tenemos que dejarnos guiar por el olor a miel y las pisadas del tío Ignacio! —dice Coco.

Las grandes pisadas de dragón son fáciles de distinguir.

Los dos bajan de la montaña como un cohete. Justo antes de que acabe el bosque, se detienen para coger aire. A través de los árboles, ven el puente que cruza el río y, detrás, una gran pradera. En medio del campo hay una figura enorme que se mueve.

—¡Es él! —exclama Coco.

Contento de verlo, da un salto en el aire. Pero cuando cae, pasa una cosa terrible: bajo sus pies la tierra se hunde.

—¡Socorro! —grita Coco.

—¡Socorro! —grita Matilde.

Los dos caen en un profundo agujero.

La trampa de miel

El tío Ignacio está demasiado lejos y no oye los gritos de socorro de Coco y Matilde. Camina alegremente mientras canturrea:

Soy un dragón de fuego
y guardo el árbol con esmero.
Me gustan la juerga y el juego
y la miel es lo que más quiero.

Entonces, en medio del prado ve una tumbona y, al lado, un barril lleno de miel.

«¡Vaya! —piensa el tío Ignacio—, una tumbona en medio del campo. Qué extraño. Y un barril gigante lleno de miel. ¡Fantástico!»

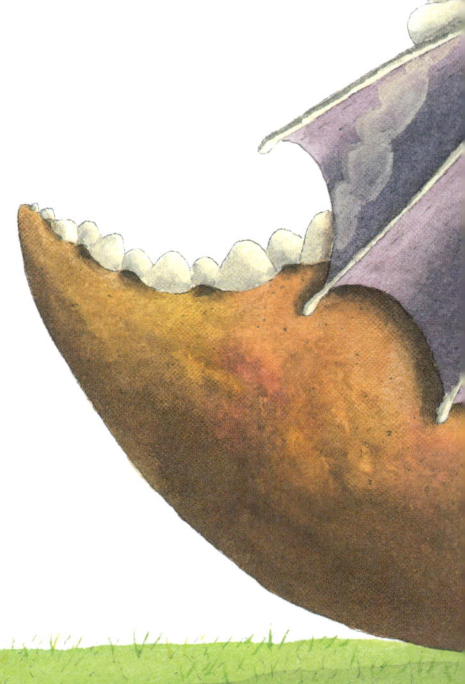

El dragón lame y relame la deliciosa miel hasta que su barriga se vuelve redonda como una pelota. De repente, siente cómo le pesan los párpados y empieza a tener mucho sueño.

«Mmm —piensa—, en realidad debería volver al árbol de los Dragones, pero también puedo echar una siestecilla en esta tumbona.»

Y antes de que el tío Ignacio pueda pensar más, ya se ha hundido en el asiento y duerme.

Cuando el dragón empieza a roncar, el Caballero Negro y sus camaradas se acercan desde el bosque con un par de gruesas cuerdas.

—¡Ja, ja, ja! ¡Hurra! —exclaman los hombres—. ¡Hemos vencido al dragón! —Y bailan riendo alrededor del dragón dormido.

Pero el Caballero Negro grita:

—¡Ya está bien! ¡Atadlo!

Acto seguido, los caballeros empujan la tumbona hacia el castillo, con el tío Ignacio atado. Delante cabalga el Caballero Negro.

La noticia del dragón corre, y los habitantes del pueblo y del castillo se acercan para verlo. El señor del castillo, Bruno el Barbudo, y su hija salen al balcón. Cuando el dragón llega a la plaza del castillo, el Caballero Negro mira hacia Bruno y exclama:

—¡He vencido al dragón a golpes de espada, y os lo traigo como ofrenda! Y ahora os pido la mano de vuestra adorable hija.

De repente, todo el mundo se queda en silencio. La gente observa al enorme dragón y luego, con respeto y admiración, al Caballero Negro. Entonces, Bruno el Barbudo dice:

—¡Así lo prometí y así será! ¡Has vencido al dragón y ahora te daré la mano de mi hija y te convertirás en el señor del castillo!

Los preparativos para la boda empiezan antes de la puesta del sol, pues al día siguiente el Caballero Negro y Bruniberta se casarán. El tío Ignacio sigue atado y dormido en medio de la plaza.

Guillermo del Campo Florido

Coco y Matilde han caído en un agujero tan hondo que, del golpe, han quedado inconscientes.

Cuando despiertan ya es casi de noche.

—¿Dónde estamos? —pregunta Matilde.

Coco mira a su alrededor:

—Seguramente, en una trampa para dragones.

Matilde mira hacia arriba y observa la alta pared de tierra:

—¿Crees que podrías volar hasta arriba?

—Lo intentaré —contesta Coco, que despliega las alas y aletea con todas sus fuerzas. Lo prueba una y otra vez, pero no consigue elevarse lo suficiente.

—No puedo —dice sin aliento—. Nunca podremos salir de aquí.

—¡Calla! —murmura Matilde—: Viene alguien.

Coco obedece; es verdad, hay alguien que canta.

Soy un pobre trovador
que se ha quedado sin su amor.
Mañana se casa mi adorable doncella,
tendré que vivir sin ella.

—¡Socorro! ¡Socorro! —gritan Coco y Matilde.

Entonces, la canción se interrumpe y unos pasos se acercan.

Los pasos se vuelven más lentos. De repente, se hace el silencio. Alguien se asoma por el borde del agujero. Coco ve a un hombre con una larga nariz.

—¡Hola! ¿Hay alguien ahí? —pregunta el hombre.

Lentamente, Coco sale de la esquina de la guarida:

—¡Sí, hola!

El hombre se lleva un buen susto.

—¡Un dragón!

—¡Exacto! Soy el dragón Coco. ¿Y tú?

—Pues... Soy Guillermo del Campo Florido, el trovador[1].

—¡Encantado! ¿Nos ayudas a salir del agujero?

[1] Persona que, en la Edad Media, componía obras poéticas y musicales destinadas a ser recitadas y cantadas.

—¿Por qué dices «nos»? ¿Hay alguien más contigo?

Matilde avanza unos pasos:

—¡Sí, también estoy yo!

—¡Un puercoespín! —exclama Guillermo, perplejo.

—Encantada. Soy Matilde.

—¿Nos ayudarás a salir? —pregunta Coco.

—No lo sé. ¿Y si cuando estés aquí arriba lanzas fuego?

—No lo haré, y aunque quisiera, no tengo tiempo. Debo ir a avisar a mi tío, porque, si no, caerá en la trampa de miel.

—¿En la trampa de miel?

—Sí, el Caballero Negro quiere engañar

a mi tío con un barril lleno de miel para hacerlo caer en una trampa. Ha echado un somnífero en la miel.

—¿Un somnífero? —dice Guillermo—. Me temo que ya es demasiado tarde. El gran dragón está atado en medio de la plaza del castillo. El Caballero Negro ha explicado que lo ha vencido en un combate muy difícil.

—¡Será sinvergüenza! —exclama Coco, enfadado—. ¡Ese maldito Caballero Negro nunca podría vencer a mi tío! ¿Y ahora qué hacemos?

Guillermo baja la cabeza.

—¿Sabéis qué? —dice sollozando—. Yo también estoy muy triste y enfadado, porque el Caballero Negro se casará con la hija del señor del castillo. ¡Y ella me quiere a mí, y yo la quiero a ella! Pero su padre la ofreció al que venciera al dragón. Y ahora ya es demasiado tarde; mañana se celebrará la boda.

Entonces Coco dice:

—¡Pero si liberamos al tío Ignacio, no será demasiado tarde!

Guillermo lo mira asustado:

—¿Liberar al gran dragón? ¿Estáis locos? ¡Destrozaría todo el castillo!

Coco sonríe:

—¿Y si luchas contra el tío Ignacio y le ganas?

—¿Yo? ¡El dragón me haría puré!

—No, hombre no, te dejaría ganar.

—¿Me dejaría ganar? ¡Pero si el gran dragón lanza fuego y es muy peligroso!

—¡Anda ya! —dice Matilde—. El tío Ignacio es un buenazo. Le diremos que te deje ganar.

—¿Estáis seguros?

—¡Claro! —dice Coco—. Pero primero le calentará el trasero al Caballero Negro. ¡Entonces tú lucharás contra él, ganarás y obtendrás a la hija del señor del castillo!

—Pero sólo si nos ayudas a salir de aquí ahora mismo —añade Matilde.

Guillermo se lo piensa. ¡No suena mal!

Rápidamente va a buscar un palo largo y lo acerca al agujero.

Cuando los tres están sobre el caballo camino del castillo, ya ha oscurecido.

La noche en el castillo

Antes de que lleguen al foso del castillo, Matilde, aprovechando que está oscuro y como tiene miedo, sube a la espalda de Coco. Guillermo les ofrece su capa con capucha. Vestidos así, los tres amigos cruzan el puente levadizo y pasan delante de la guardia.

Cuando llegan a la plaza del castillo, enseguida ven al dragón durmiendo.

—¡Pobre tío Ignacio! Incluso le han atado el morro —murmura Matilde.

—Claro —dice Coco—. Para que no pueda lanzar fuego.

El pequeño dragón sube hasta la oreja del tío Ignacio y le susurra:

—¡Despierta!

Pero el tío Ignacio sigue roncando y durmiendo profundamente.

—¡Despiértate! —repite Coco más alto.

El tío Ignacio sigue inmóvil.

Entonces Coco grita tan alto como puede:

—¡Levántate, marmota!

Finalmente, el gran dragón abre un ojo y luego el otro:

—¿Dnndssstoy? —pregunta.

—¿Qué? —pregunta Coco.

—¿Dnndssstoy?

—Pregunta dónde está —dice Matilde—. ¡Venga, ven y deshaz el nudo!

Coco y Matilde liberan el morro del dragón.

—¿Dónde estoy? —repite el tío Ignacio.

—¡No tan alto! —susurra Coco—. Estás en medio de la plaza del castillo. ¡El Caballero Negro echó un somnífero en la miel!

—¡Maldito sea! ¡Ahora verá! —dice el tío Ignacio, que intenta levantarse.

—¡Espera, tío Ignacio, no te levantes! ¡Tenemos una idea! —dice Coco, y le explica el plan al oído.

El gran dragón escucha atentamente. Cuando Coco le dice que podrá carbonizarle el trasero al Caballero Negro, su tío sonríe. Pero cuando oye que tiene que dejarse ganar por un trovador, frunce la nariz.

—Pero ¿quién es?

En ese momento, el trovador Guillermo da un paso hacia delante:

—Soy yo.

—¿Contra este mequetrefe tengo que perder?

El tío Ignacio está indignado.

—Haré como que no he oído lo de mequetrefe —dice Guillermo, ofendido.

—Sssh —interrumpe Coco—. Guillermo nos ha liberado de la trampa de los dragones. ¡Además, ama a la hija del señor del castillo y estoy seguro de que será un buen señor del castillo!

—Mmm —murmura el tío Ignacio—. ¿Y no talarás el árbol de los Dragones?

—¡Claro que no! —asegura Guillermo—. Nunca le haría daño a un manzano.

—¡Entonces hemos llegado a un buen acuerdo! —dice contento Coco.

—Ahora te pondremos de nuevo el bozal y aflojaremos las otras cuerdas.

Entre todos deshacen enseguida los nudos, pero el tío Ignacio hace ver que todavía está atado. Finalmente, Coco, Matilde y Guillermo se van en el caballo del trovador y buscan un establo donde pasar la noche.

Francisco el Sombrío

Cuando el primer rayo de sol cae sobre la plaza del castillo, suenan las trompetas y los cañones para celebrar el gran día. Hay movimiento en todo el castillo: la gente prepara las grandes mesas, de las ventanas cuelgan banderas de colores y los saltimbanquis y los músicos hacen espectáculos por las calles. Alrededor del tío Ignacio hay mucha gente; todo el mundo quiere ver al gran dragón que, aunque está despierto, hace ver que duerme. Coco y Matilde se han disfrazado otra vez con la capa de capucha del trovador, y se mezclan entre la multitud acompañados de Guillermo. Entonces suenan las trompetas dos veces más.

De repente se hace el silencio.

Bruno el Barbudo y su hija Bruniberta salen al balcón. En ese momento, el Caballero Negro cabalga a través del gentío hasta el balcón.

Su armadura negra y su espada, recién

pulidas, lucen bajo el sol de la mañana.

Bruno el Barbudo avanza y grita:

—Caballero Negro, eres más fuerte que el gran dragón. Por esta razón, toma a mi hija como esposa y conviértete en el señor del castillo. ¡Pero antes, muéstranos tu cara!

El Caballero Negro se quita lentamente

el casco. Un murmullo cruza la multitud, y el señor del castillo se asusta.

También se asusta Guillermo:

—¡Ostras! ¡Es Francisco el Sombrío!

—¿Quién es ese? —pregunta Matilde.

—El Caballero Negro —susurra Guillermo— es en realidad Francisco el Sombrío. Una mala persona. Es conocido en todo el reino porque siempre va bebido y se pelea con todo el mundo. ¡Sería terrible que Bruniberta se casara con él!

Bruniberta observa atónita lo que pasa en la plaza. Entonces ve a su querido Guillermo, y una lágrima le resbala por la mejilla.

—¡Y ahora... —grita Bruno el Barbudo— si alguien tiene alguna cosa que decir contra esta boda, que lo haga!

Guillermo toma inmediatamente la palabra:

—¡Sí, yo!

Francisco el Sombrío le mira molesto.

Pero Bruno el Barbudo dice:

—¡Pues habla, Guillermo del Campo Florido!

—Francisco el Sombrío, el Caballero Negro, no ha vencido al dragón en una batalla.

¡Simplemente, ha derramado un somnífero en la miel! —explica.

De nuevo un murmullo recorre la multitud. Bruno levanta la vista hacia Francisco.

—¿Es verdad lo que dice Guillermo?

—¡Claro que no! —contesta el Caballero Negro—. ¡Planté cara al dragón con mi espada y luché como un león!

Entonces Matilde se quita la capa de trovador y da un salto hacia atrás. Coco se eleva un poco volando y grita:

—¡El Caballero Negro miente! ¡Mi tío Ignacio fue vencido por un somnífero!

La gente retrocede asustada.

—¡Un dragón pequeño!

En ese momento, el tío Ignacio se libera de las cuerdas que lo tenían atado y grita con todas sus fuerzas:

—¡Y yo soy un dragón enorme! ¡Y si eres suficientemente valiente, Caballero Negro, vuelve a luchar contra mí, pero esta vez sin somnífero!

Se oyen gritos, y los habitantes del castillo huyen corriendo y se esconden en las callejuelas. El Caballero Negro, entretanto, ha perdido el casco del susto.

Bruno el Barbudo grita desde el balcón:

—¡Caballero Negro! ¡Lucha contra el dragón, si no, incendiará todo el castillo!

No demasiado convencido, Francisco el Sombrío, el Caballero Negro, desenfunda su espada:

—Mmm, bien, de acuerdo, lo haré...

Pero, de repente, le da una patada al caballo e intenta huir. Coco, que ha estado atento, le corta el paso y lanza una llamarada. El caballo se asusta y hace caer al caballero.

Una gran garra de dragón lo coge por la oreja y lo sacude.

—¿Qué? ¡Mequetrefe de lata! —dice el tío Ignacio al caballero—. A partir de ahora no pondrás más somníferos en la miel. ¿Lo has entendido?

El caballero contesta temblando:

—De acuerdo. ¡No lo haré nunca más!

—¡Y con una pala taparás todas las trampas para dragones!

—¡Te lo prometo!

—¡Y después harás una gran tarta de manzana, con mucha nata!

—¿Qué?

—¿Acaso estás sordo? ¿Quieres que te carbonice el trasero?

—No, ya lo he entendido, no hay problema. ¡Tarta de manzana con nata, la haré! —dice el caballero tartamudeando.

A continuación, el tío Ignacio vuelve a sentar al caballero sobre el caballo, que es negro como un cuervo.

El caballero sale galopando como si lo persiguiera el demonio.

¿Quién es más fuerte que un dragón?

—¡Bueno! —grita el tío Ignacio, y lanza una poderosa llamarada al aire—. ¡Ahora sí estoy enfadado de verdad! ¡Tan enfadado que destrozaría el castillo entero!

Bruno, Bruniberta y los demás habitantes del castillo están muertos de miedo.

Entonces, Coco, sin que nadie lo vea, le da un codazo a Guillermo y susurra:

—¡Ahora te toca salir a ti al escenario!

Guillermo avanza un par de pasos hacia el tío Ignacio y grita:

—¡Pobre de ti si estropeas alguna cosa, bola de grasa gigante! ¡Te las verás conmigo!

El tío Ignacio mira hacia el enclenque trovador:

—¿Qué? ¿Tú, pepino pequeño y enclenque, quieres luchar contra mí? ¡Te convertiré en puré!

—¡Pues ven, bola de grasa! ¡Ahora verás!

—¿Me has llamado bola de grasa, tú, pata de gallina? —grita el tío Ignacio, y lo empuja tan fuerte que sale volando por los aires. ¡Patapum!

—¡Ay! —grita Guillermo, que se levanta, se limpia y vuelve a levantar el puño.

—¡Ven aquí, pepino en vinagre!

—¿Pepino en vinagre? ¡Ahora verás, rana de estanque! —dice furioso el tío Ignacio, y vuelve a empujar al trovador. Guillermo vuelve a salir volando y cae de culo.

—¡Ayyy!

El tío Ignacio se agacha y dice:

—¿Qué? ¿Tienes suficiente, trozo de gelatina?

Guillermo se frota el dolorido culo y susurra:

—Pero... ¿no tenía que ganar yo?

El tío Ignacio contesta, también susurrando:

—Pensaba que tenía que parecer real.

—Sí, pero creo que ahora ya me toca ganar.

—De acuerdo. ¡Pues golpéame en la nariz con todas tus fuerzas!

Tan alto como puede, para que todos lo oigan, Guillermo grita:

—¡Ya está bien! ¡Ahora verás! —Y con todas sus fuerzas le da un puñetazo en la nariz.

El gran dragón da un paso atrás y cae de culo.

—¡Ay! —grita el tío Ignacio, que se levanta y corre hacia Guillermo.

Pero Guillermo le da otro puñetazo, y el tío Ignacio vuelve a caer al suelo:

—¡Ayyy!

Ahora todos los habitantes del castillo salen de su escondite y miran atónitos al pequeño Guillermo.

Entonces, Bruniberta grita:

—¡Bravo, Guillermo!

Bruno el Barbudo y todos los habitantes del castillo gritan a la vez:

—¡Bravo, Guillermo! ¡Bravo!

El tío Ignacio susurra:

—¡Ahora, cógeme por la cola, hazme volar por los aires y envíame fuera de los muros del castillo!

—¡Imposible! No tengo fuerza suficiente —murmura Guillermo.

—¡Inténtalo, yo te ayudaré! —dice el tío Ignacio.

Guillermo corre hasta la punta de la cola del dragón, lo coge e intenta hacerlo volar

por los aires. ¡Y lo consigue! ¡El tío Ignacio lo ayuda con sus alas sin que se note!

—¡Ayuda! ¡Socorro! —grita.

Guillermo lo hace girar por los aires, una, dos y tres veces, hasta lanzarlo por encima del muro del castillo. Cuando el tío Ignacio aterriza sobre el prado que hay detrás de las paredes del castillo, el suelo tiembla. Bruniberta, Bruno, Guillermo, Coco, Matilde y todos los habitantes del castillo cruzan el puente para salir fuera,

sorprendidos, y miran al dragón tendido en el suelo.

—¿Tienes suficiente? —pregunta Guillermo, seguro de sí mismo.

—Un poco de compasión —suplica el tío Ignacio—. ¡No me golpees más ni me hagas volar más por los aires! ¡Haré todo lo que me digas!

En ese momento, los habitantes del castillo lanzan sus sombreros al aire y gritan al pequeño Guillermo:

—¡Bravo, Guillermo! ¡Bravo!

Bruno el Barbudo dice:

—Guillermo del Campo Florido, ¿quieres casarte con mi hija Bruniberta y ser el nuevo señor del castillo?

—¡Pues claro! —grita Guillermo entusiasmado.

Muy feliz, Bruniberta zarandea tres veces seguidas a su querido Guillermo. Luego le da un beso en la mejilla, y el pequeño trovador enrojece como un tomate.

—¿Y vuestra luna de miel? —pregunta Coco—. La pasaréis en la isla de los Dragones. Estáis invitados oficialmente, ¡si queréis venir!

—¡Será un placer! —dice sonriendo Bruniberta.

—¡Claro que sí! —añade Guillermo.

La boda de Bruniberta y Guillermo se alarga tres días. Después, el tío Ignacio despliega sus alas y se eleva con Coco, Matilde y los novios en dirección a la isla de los Dragones. El manzano sigue floreciendo para siempre jamás en el reino de los Caballeros.

Muchas gracias por acompañar
al pequeño dragón Coco en esta historia.
¡Hay más aventuras de Coco esperándote!

El pequeño dragón Coco y sus aventuras

El pequeño dragón Coco y el Caballero Negro

El pequeño dragón Coco y los piratas

El pequeño dragón Coco y los dinosaurios

El pequeño dragón Coco da la vuelta al mundo

El pequeño dragón Coco. Lío en la escuela de dragones